UN PEQUEÑO APUNTE

Marta Molleja Bohollo

COLECCIÓN ITES

UN PEQUEÑO APUNTE

© Marta Molleja Bohollo
© de esta edición: Olé Libros, 2025

ISBN: 979-13-87620-88-2
Depósito legal: V-2826-2025
Impreso en España

KALOSINI, S. L.
Grupo editorial olélibros
equipo@olelibros.com
www.olelibros.com

UN PEQUEÑO APUNTE

Un pequeño apunte es una colección de pensamientos
breves, fragmentos poéticos y reflexiones personales
escritos durante seis años. A través de un estilo íntimo
y delicado, la autora nos invita a recorrer el tránsito
emocional desde la adolescencia a la adultez:
el desamor, la muerte, la nostalgia, la ansiedad,
la esperanza y la transformación interior.

Cada página es un apunte del alma, un intento
de comprender la vida mientras se vive.
Un libro para quienes han sentido intensamente,
para corazones jóvenes y heridos que encuentran
en la escritura un refugio y un espejo.

Confusión

Me confundes.
Me haces sentir mil y una emociones en
pocos segundos, haces latir mi corazón a
cien, para luego pararlo en seco.

No sé qué quieres de mí,
de hecho, tampoco sé qué espero de ti...

Ojalá no apagues el fuego que siento por
ti, pero ¿cómo pedirle eso al agua?

LUNA Y SOL

Entre la luna y el sol...
La luna que me cautivó, esa oscuridad
que me atraía magnéticamente, pero que
empezó a consumirme.

Empezó a arrebatarme mi pequeña luz,
la que tanto me costó hacer brillar; todo
se reducía a su oscuridad.

Después descubrí el sol, me recordó esa
calidez que tanto soñé, comenzó a
devolverme mi intensa luz.

Pero aun así me volví adicta a esa luna,
no me importaba que tomara mi luz a
cambio de verla brillar unos cuantos
segundos.

A la misma vez, quería estar bajo la
calidez del sol que me hacía sentir lo que
era el amor.

¿Cómo podría decidir?
Sencillamente, no podía seguir cautivada
por la luna o mi luz se extinguiría.

Aprendí a dejarla ir...
Aprendí a amar al sol.

Rompecabezas

Mi mente empieza a parecer un puzle
encajando las piezas,
esas mismas que solían parecer
pensamientos, esas mismas que parecían
ser cuerdas...

Ojalá hubiera tomado esas cuerdas,
ojalá las hubiera anudado de forma
concreta,
ojalá hubiera tomado la soga para acabar
con el dolor que me desvela.

Estas cuerdas sueltas me anhelan en sus
trenzas y me pierden en ellas
como alguien en la niebla.

Mi cabeza se encuentra en un forcejeo
entre lo pasado y lo nuevo.
Lo pasado, conocido y dañino;
lo nuevo, majestuoso e incierto.

Pero como dicen: más vale malo
conocido que bueno por conocer.

HIELO

Todo se oscurece,
poco a poco se torna de un negro
azulado, un tono gélido.

Sabía que pasaría, no mantengo el fuego
encendido mucho tiempo,
mi corazón elude el calor.

Es intenso y ardiente al principio,
pero sin previo aviso entra en letargo,
comienza a formarse un espeso hielo
alrededor, esperando de nuevo a
derretirse, para volver a congelarse
repetidas e incontables veces.

Empiezo a dudar que pueda permanecer
ardiente e intenso.

Quien nació escarcha
no puede convertirse en rescoldos.

Masoquista

Empiezan a abrirse heridas,
heridas de batallas perdidas,
batallas que pensaba ganadas.

No me daba cuenta de lo que pesaban.
Forjándome, tomando la palabra por
fuego y los actos por hierro.

A modo de protección, lo oculté en lo
más profundo de mis adentros,
custodiado por la serpiente de mis
pensamientos.

Pero a veces es tan doloroso
echar la vista atrás en el tiempo...
Es tan doloroso recordar las marcas
del cuerpo.

Cuando creo haber sanado del recuerdo,
mi mente masoquista encuentra nuevas
formas de hacerme rememorar el
proceso.

Te odio

Me empequeñezco hasta que enmudezco,
y sin pretexto mis lágrimas brotan
como río hambriento.

El miedo se ha instaurado
ante tus malos gestos,
y no sé si puedo seguir resistiendo.

Nudo en la garganta y frío mi aliento,
incontrolable temblor en cada célula
de mi cuerpo.

No puedo controlar lo que siento;
te odio, te odio, te odio, te odio,
te odio, te odio, te odio...

Odio es lo que encuentro al recordar
tu rostro.

Envenenas las almas y aguardas hasta
verlas putrefactas, para así prender
los restos.

PÉTALOS

A veces pienso que la vida es como los
pétalos de una flor;
van cayendo, al paso del tiempo;
unos son más bonitos, otros más feos,
otros tardan en marchitarse, unos caen
incluso cuando aparentemente están bien.

Algunos tienen la inmensa suerte de
tener unos pétalos resistentes, pero a
otros nos toca hacernos cargo de nuestra
flor de pétalos semimarchitos.

Pero aun así, todos podemos llegar a ser
una hermosa flor, aun con un tiempo
efímero, pero una hermosa flor.

TÓXICO

Es curioso lo que necesita un ser humano
la compañía de sus iguales.

El problema viene cuando esos iguales
no son semejantes a nosotros.

Narcisistas los cuales te dejan vacío en
cuestión de unas escasas horas.

En este punto te preguntas:
¿cómo acabé así?
Y más importante: ¿cómo salgo de aquí?

Supongo que se intuye adónde quiero
llegar: esas relaciones, de cualquier
ámbito, en las que sin percatarlo acabas
por y para esa persona, dándolo todo y a
cambio recibiendo malas palabras a
modo de «críticas constructivas»
camufladas en un «es por tu bien».

Estas personas consiguen aislarnos en su
mundo egoísta, arrastrándonos con ellas.

Cuando te quieres dar cuenta, te has
quedado solo con esa relación,
terminando por establecer un vínculo de
apego entremezclado con el miedo a
acabar quedándote completamente solo,
ya que esa persona es lo único que te
queda.

Irónico, ¿no?

Esa persona, la cual provocó la situación, consigue que nos aferremos aún más por el miedo a la soledad.

No deber

Siempre pierdo,
hago lo que no debo y me arrepiento.

Lo tedioso es arrastrarme contigo por
culpa del no saber a tiempo.

Mi corazón no desespera,
las mariposas fallecieron,
mi mente alegre se escurrió entre tus
dedos,
solo queda un ser apagado que no siente
a tu lado.

Me temo que ya no es como antes,
por mucho que digamos que lo sigue
siendo.

Falso diablo

Estaba en una pequeña librería, ojeando
las páginas de los libros, ya teñidas
amarillentas por el tiempo.

La mujer que atendía tenía una cara que
me resultaba familiar, pero imposible de
recordar. Al acercarme, tocó mi mano y
me dijo: «Ten cuidado con el diablo
disfrazado de Dios».

Me di cuenta de que sostenía una Biblia
en una de sus manos. Al instante de
percatarme, mi cuerpo comenzó a
agrietarse, de mi espalda brotó un ala
negra, seguida de la segunda.

Mis manos, convertidas en garras,
se tornaban negras como el azabache,
al igual que todo mi cuerpo.

Ante la mirada de asombro de la mujer,
me vi... me vi en el reflejo de sus ojos
como la despojada de la vida con un
solo movimiento de mi mano,
ahora hecha garra.

La mujer, mientras se le escapaba la vida,
pronunció una última frase, la que solo yo
recordaría: «Falso diablo».

Resonaba en mi cabeza, como una
campana siendo golpeada, transmitiendo
su vibración hacia mí.
En la esquina superior de la habitación,
se encontraban figuras religiosas
que se tornaron rojas.

En medio de la desesperación en la que
me encontraba, vi un cuadro.
Era de una mujer rodeada por lobos
blancos de ojos negros, al igual que ella,
salvo que su piel parecía hielo.

Sentí dolor, miedo, confusión...
El cuerpo me resplandecía y escupía
rayos de luz.
El cuadro se volvió pura luz,
y las alas negras se me quebraban...

En ese momento desperté,
observando el cuadro de la mujer y los
lobos, que había colocado esa semana,
sabiendo que debía quemarlo.

JILGUERO

Soy aquel jilguero que ve volar a sus
compañeros tras la ventana, admirando
sus majestuosas alas.

Deseaba ser como ellos, cómo lo
deseaba...
Pero cada vez que echo la vista atrás,
solo veo las cicatrices donde antes
también solía tener alas.

Mi mente se convirtió en mi jaula y mis
marcas en el recuerdo constante de lo que
era volar.

SINSENTIDO

Te dejaré ir para encontrarme a mí.

Te dejaré en aquel rincón en el que
solíamos jugar a que éramos mayores.

Cerraré la puerta de nuestra habitación
especial y tiraré la llave en el lago de las
monedas de cristal.

Caminaré por el sendero de las piedras de
papel mientras se borran nuestras
pisadas.

Miraré el cielo añil, tan espeso como tus
ojos café.

Tocaré el agua del pequeño mar
esponjoso donde solíamos nadar.

Entonces de este sinsentido podré
despertar.

TELA DE ARAÑA

A veces te sientes como si estuvieras en
una fiesta en la que no quieres estar,
donde la ansiedad trata de invitar a la
depresión y el miedo te ofrece una copa,
presionando sonriente hasta que aceptes.

Caes en una tela de araña, donde te
acomodas en la red hasta el punto en el
que olvidas cómo era estar fuera de esa
fiesta.

No quieres estar ahí, sé que no quieres,
pero parece tan lejana la salida... que
dudas en aceptar la copa.

Letra de una canción

Y rasgué mis muñecas hasta sangrar,
se sentía tan bien y a la vez tan mal.

No importaba que estuviera rodeada de
gente, en realidad, siempre estaba sola.

Mi perro ya no puede lamer más
lágrimas, hasta él se ha cansado de mí.

Siempre estoy en casa porque no
combino con los otros,
tras la ventana veo cómo viven sin ser
conscientes de nada,
y yo aquí soportando el peso de todo.

Usé demasiadas tiritas en raspones que
nunca sanaban, cuando era tan sencillo
dejarlos escocer.

Lo siento, hice todo lo posible por ser
feliz por ti, pero no lo conseguí, no llores
por mí, si sabes que siempre estaré en ti.

Mientras todo acaba,
nos veo junto al puerto al que tanto me
gustaba ir, riendo mientras las olas rozaban
nuestros pies.

Lo siento por macharme así,
pero no puedo dar más de mí.

¿No lo sé?

¿Quiero una vida sencilla o complicada tal
vez?

¿Soy como digo ser
o me implanto los problemas para no ser?

¿Soy feliz... o melancólica quizás?

Si me preguntas, te diría simplemente que
no lo sé.

En algún momento hubo un punto de
inflexión donde no supe distinguirlo.

¿Quiero atención o necesito la atención?
Simplemente, no lo sé.

Si me sigues preguntando,
no podré decirte nada concreto.
No sé nada,
y creo que está bien.

Puede que no sea demasiado yo,
o puede que lo sea totalmente.
Pero ¿qué se supone que hago cuando...
no lo sé?

Puede que esté rota,
o completa en mi totalidad.
Pero si estoy completa...
¿por qué rota quiero estar?

H$_2$O

Estallaban mis lágrimas incontenibles,
en medio de la habitación, la cara
empapada,
y yo... yo... no sabía por qué.

Creo que toqué fondo, porque, si no lo
hice,
me sentía muy hundida.

Era como estar en un pozo que yo misma
estaba llenando, esperando a que se
desbordara mientras me encadenaba en el
fondo,
y el agua... el agua me rozaba el cuello.

Mariposa

¿Y qué historia prefieres?
¿La de la niña que lloraba sobre su
almohada o la que se escondía para no
ser golpeada?

Si yo no estuviera... ¿todo estaría mejor?
¿Podría ser feliz allá dondequiera que
vaya?

Ojalá alguien me pueda contestar,
porque las mariposas que dibujo sobre
mis muñecas no sé cuánto tiempo más
me detendrán.

VIBRATO

Te fuiste, pero nunca te tuve en realidad.
Me quedé esperando toda la noche a que
tocaras para mí
con los acordes de tu guitarra.

Pero ella era mejor opción,
cualquier opción era mejor en realidad.

Piénsalo; ella está radiante, llena de vida,
dulce, cuando sonríe se te encoge el
corazón... ¿Y yo? Lo único que destaca
de mí es el color azul de mis ojeras.

No te culpo, lo comprendo,
solo te podía ofrecer un corazón
moribundo con ansias de dejar de latir.

Me quedo como la pieza perdida del
puzle que nunca acabaste, que espera ser
encontrada debajo de la alfombra en la
que nunca te fijaste.

LIENZO

No sé cómo expresarte que eres el oasis
de mi desierto, que quiero que mis labios
guarden tu aliento.

A veces enmudezco ante tu afecto,
no me tengas en cuenta este corazón
maltrecho con miedo a los hechos.

Ante tu descaro de sentimientos
mi piel busca el pretexto,
para desnudarse y expresarte su apego

En mi pecho quiero que recites tu verso,
en mi espalda atrapa tus lamentos, mis
manos que sean el sustento de lo nuestro,
que mi corazón sea tu lienzo.

Te prometí amarte hasta que la luna
dejase de brillar, y empecé a ignorar los
eclipses en sus movimientos.

VOCES

Y a veces ni yo sé explicar cómo me
estoy sintiendo. Solo sé que tengo una
voz interior... bueno, más bien dos, una
me dice que pare y otra que avance.

Pero la primera me agarra los pies y me
tira de los tobillos hacia atrás.
La segunda, mientras la primera me
agarra, me empuja hacia adelante.

Y eso hace que tenga ganas de caerme de
bruces sin luchar, simplemente dejándolo
estar.

Pero sé que tengo que soltarme al menos
un tobillo... Y eso es lo complicado del
proceso, soltarte al menos un tobillo...
Porque después del primero sabes que
vas a tener que soltar el segundo.

ÉL

Porque desde que llegaste,
perderme dejó de dar miedo.

Para M

Y me perdí...

En la inmensidad de su mirada, que me
transportaba a una pradera de otoño, me
perdí.

En sus labios cálidos como aquellos
domingos de playa en pleno agosto, me
perdí.

En su piel virgen que todo lo habla, me
perdí.

Es como una estrella, brilla con luz
desinteresada e ilumina de manera
altruista
a todo el que se le acerca,
sin intercambio a la vista.

Me perdí en lo que eres, y no quiero
encontrarme para no perderte.

EDREDÓN

Me he perdido en mi mente y me he
enredado entre los retales de mis
recuerdos.

Ahí me di cuenta de que la vida es como un
edredón que vamos tejiendo mientras
pasan los años.

Primero; es un sinsentido mal
estructurado, un conjunto de varios
trozos garabateados, pero extrañamente
te encanta.

Segundo; pasa a preocuparte más cómo
se ve la tela, no quieres algo manchado,
quieres, de hecho, algo más meticuloso,
algo que no desentone con lo demás.

Tercero; comienzas a comprender que
has descuidado el tejido, comienzas a
coser los hilos sueltos.

Cuarto; no estás centrado en que quede
hermoso, sino en la calidad de la tela.

Quinto; la máquina de coser comienza a
fallar y se detiene.

Confundimos sabiduría con noción,
queremos aprender a ver de la mano de
un ciego, intentamos comprender los
colores hablando con un daltónico...
estamos rodeados de ignorancia que
alimentamos cada día que pasamos sin
evitarla.

No puedo saber en qué parte de tu
edredón estás, pero recuerda que el
cronometro está contando, no tendrás
tiempo de revisar la integridad de la tela
si solo te preocupas cuando el hilo se te
acaba.

Espejo

No hay espejo que muestre entera la
sombra que desgasta, ni copa tan
profunda para tapar lo que se arrastra.

Si tuviéramos ventanas al alma,
veríamos heridas al alba,
ilusiones que se resquebrajan,
y nostalgias no contadas.

Veríamos el miedo sin máscara,
mostrando su amarga cara,
sin pudor a manchar la estancia.

Circo

Otra vez, sentada, contemplando el techo de la habitación preguntándome si alguna vez saldría sin sentirme incómoda de esas cuatro paredes que, con el tiempo, se habían convertido en mi refugio... Mi prisión.

Y entonces, claro, te preguntas...
¿qué ocurrió para que llegara hasta aquí?
¿Qué fue lo que pasó?
Pasó un huracán emocional, una tormenta, que sin previo aviso arrasó con todo a su paso.

Y cuando se fue, lo único que quedó en pie
fue una mente convertida en un circo de desquiciados.

Pedazos

Voy a sonar egoísta y no es mi intención, pero...
¿por qué tengo que arreglar personas que no
rompí?
¿Por qué tengo que pegar pedazos mientras la única
que se lleva los cortes de estos soy solo yo?

Cada vez que intento recomponer a alguien,
soy yo quien termina hecha trizas.
Soy yo quien se queda con las manos llenas de cortes,
cerrando con lágrimas lo que ni el tiempo quiere curar.

Porque, dime tú, ¿quién me recompone a mí?
¿Quién se arrodilla en el suelo a buscar mis pedazos
cuando me quiebro?
¿Quién acaricia mis ruinas en silencio?

Estoy cansada de coser heridas ajenas
con hilos que provienen de mi alma.

AIRE

No sé qué me falta para ser el *buenos
días* de cuando te levantas.

No sé qué me falta para darle
importancia a mi estancia.

Miro en tus ojos en busca de nuestro
reflejo, pero ya ni te encuentro ni me
encuentro.

No se cambia tu semblante al
mirarme, no noto amor en tus
caricias que rozan el aire.

¿Cuándo he dejado de importarte?

JUGUETE

Desapareciste y me olvidaste como
un niño su juguete cuando crece,
cuando ve que ya no lo necesita para
protegerle.

Fui tu peluche desgastado,
tu muñeca sin brazos,
la espada de plástico que antes
empuñaste
y ahora ni recuerdas dónde dejaste.

Me quedé ahí,
entre los rincones del olvido,
acumulando polvo,
en aquel cajón vacío.

PAREDES

Escuchas y entiendes,
pero no comprendes.
Dices que comprendes, pero no veo
cambio en el parecer de tu mente.

Hablo con los ladrillos de las paredes,
y contestan más fino de lo que
pronuncian tus labios sin verdad
aparente.

Acostumbrado a la calidad de los
algodones, no ves lo que es dormir
rodeado de ratones.

Espina

Dañina como las espinas,
fría como la guerra misma.

Hieres con esa lengua de serpiente,
orgullosa de ser el calvario de tu
gente.

Esa lengua venenosa no está ahí por
accidente, es un símbolo de
destrucción consciente.

Papel de víctima en mano,
en tu triste obra de teatro,
buscas con la mirada el aplauso fácil
de tu público inocente,
mientras das ese mensaje que cala,
hace dudar y te quita las ganas.

Bajo llave

Somos el silencio del que no oye y el
hambre del que no come.

Somos lo que hacemos cuando nadie
ve y lo que callamos cuando se conoce.

Porque hasta el más puro puede guardar
el peor de los secretos,
y el más ruin la mejor de las virtudes.

Guardamos verdades bajo la piel,
algunas saben a miel, otras nos
enmudecen.

Y es que el alma, por poco que siente,
también se mancha, también escuece.

ESTACIÓN

Cuando viajo en tren y me detengo a mirar con atención, hay un pensamiento que siempre se cuela en mi cabeza: «Realmente, la vida es esto... un trayecto momentáneo».

Cada uno de nosotros tiene su estación de origen al empezar el viaje, y a lo largo del recorrido atravesamos multitud de paradas. Sin embargo, apenas pensamos en ellas, ni las valoramos como merecen, porque lo único que parece preocuparnos es llegar.

Pero... ¿llegar adónde?

Nadie lo sabe con certeza. Simplemente subimos a los mismos trenes que vemos tomar a los demás, como si el destino estuviera preestablecido, sin disfrutar ni un solo segundo de las estaciones.

Y hay algo curioso: al comenzar este viaje solo tenemos un billete de ida. Nunca sabemos cuándo será el de vuelta... y, aun así, no parece importarnos.

Carta al lector

Querido lector:

Aquí dentro están mis pensamientos más profundos, guardados durante el paso de los años. He crecido con ellos y lo más importante...

Si te sientes identificado con mis textos, te mando un abrazo para nuestros corazones maltrechos.

Atentamente,

Marta Molleja Bohollo

ÍNDICE